R 41

AF612093

Voir HF même cote
P92/3083

Lk 11/14

PROJET

DE

CONSTITUTION COLONIALE,

POUR L'ISLE DE BOURBON;

PAR LE COLONEL P. R. DE BEURNONVILLE,

Député extraordinaire des villes de Brou et la Ferté-sur-Aube, à l'Assemblée Nationale.

A PARIS,

DE L'IMPRIMERIE DU PATRIOTE FRANÇOIS,
Place du Théâtre Italien.

1RE OCTOBRE 1790.

PROJET
DE
CONSTITUTION COLONIALE,

Adressé à l'Assemblée générale Coloniale de l'Isle de Bourbon.

Mes chers Compatriotes,

Dans un temps où la nation françoise est occupée de son entière régénération, du soin de se former une nouvelle constitution, propre à servir de modèle à l'univers entier, tout citoyen, voué au bien de la patrie, doit communiquer les réflexions qu'il croit pouvoir concourir à un but si louable. Tel est, mes chers compatriotes, le motif qui me détermine à vous transmettre celles que l'expérience et la localité m'ont permis de faire. Je ne vous les présente pas comme des loix à adopter, mais comme le tribut de mon zèle, et comme pouvant concourir au plan constitutionnel que vous adopterez, pour une Colonie à laquelle je suis attaché par les liens du sang et de la confraternité la plus tendre.

Appelée par un roi aussi juste que bon, chargée des pouvoirs de la Colonie, pour refondre ses loix, et en donner d'analogues au caractère d'un peuple jaloux de sa liberté naissante, votre assemblée, mes chers compatriotes, va vous retracer l'idée des anciens législateurs, dont les travaux, pour leur patrie, font encore aujourd'hui toute la gloire.

Cependant, quelque brillante que soit cette destinée, elle vous

A

impose tant de devoirs , elle exige tant de soins, qu'il semble douteux si elle doit être enviée.

La Colonie, que dis-je, la nation entière, dont vous faites essentiellement partie aujourd'hui, éclairée sur ses intérêts et sur son commerce, se croira fondée à vous demander compte de vos opinions et de vos suffrages : rien ne lui échappera ; son bonheur est entre vos mains ; son amour ou son indifférence vous attendent.

L'heureux choix que la Colonie aura fait, sans doute, m'assure de l'intérêt que vous mettez à sa prospérité ; et le décret sublime et sage du 8 mars dernier, de l'assemblée nationale, comme ses instructions du 23 du même mois, me font espérer que vous ne perdrez jamais de vue que vous faites partie de l'empire françois, conséquemment tout ce que vous devez à la métropole, pour la protection nationale.

Je ne me permettrai aucune digression sur la nature et la réunion des circonstances qui ont opéré la révolution bienfaisante et restauratrice de l'empire françois ; je me bornerai à l'indication des loix locales qui doivent assurer notre bonheur commun et notre constante félicité.

Des abus de tout genre, on le sait, indispensables de notre ancienne et vicieuse constitution, et dont vous avez senti souvent plus désagréablement les effets passagèrement fâcheux, l'avoient pour ainsi dire frappée d'inertie et de dissolution ; et ces abus, qui se sont introduits depuis l'établissement de la monarchie françoise, qui se sont succédés, généralisés et perpétués jusqu'à ce jour, ont pris leur source, n'en doutons pas, dans la foible complaisance du peuple françois, qui s'est toujours plû à se dépouiller du droit de la force, pour établir celui de la justice ; la force s'est trouvée constamment placée au-dessus de la loi ; la force a constamment opprimé. Le peuple françois s'est éclairé ; le progrès des lumières a rendu à la foiblesse sa force première ; les opprimés sont sortis de leur apathie ; ils ont reconnu enfin que le droit de la force n'avoit pu être établi que pour donner aux loix le pouvoir de protéger et non de nuire ; les ténèbres de l'erreur se sont dissipées ; la nation opprimée a pris un nouveau principe de vie, et le règne de la loi s'est établi, parce que l'homme opprimé a dû reprendre sur l'homme oppresseur le droit imprescriptible de la raison.

Pour remédier à des abus aussi compliqués qu'invétérés, il a fallu le concours de la volonté générale ; et la nation françoise ne doit jamais oublier que le meilleur des rois, Louis XVI, le père de son peuple, a exprimé le premier son vœu. Convaincu qu'il n'exista jamais d'administration compliquée, qui n'eût besoin par intervalle, et à des temps marqués, d'être vérifiée de nouveau, il a invité la nation entière à se rassembler, pour décréter des loix fondamentales qui pussent maîtriser les hasards des destins, si contraires au bonheur constant de son peuple ; il a voulu qu'elle décrétât des loix qui puissent maîtriser également les rois et les sujets ; que, légalement et constamment assemblée, elle puisse les retoucher périodiquement, pour leur donner ce degré de perfection dont elles deviendront susceptibles ; il a voulu enfin que, pour remédier à des erreurs que des événemens inopinés et désastreux ont nécessairement entraînés, la nation entière s'occupât elle-même sans relâche des moyens de rappeler à des principes sages, modérés et puisés dans la nature même, toute l'économie politique et morale du gouvernement françois. Tel est maintenant, mes chers compatriotes, le genre d'occupation de tous les françois patriotes : du concours de leurs lumières doit résulter la constitution la plus sublime. L'assemblée nationale, composée de leurs représentans, sera constamment le point de centre qui les réfléchira. Un tel exemple de la métropole mérite d'être imité ; tous les habitans de la Colonie lui doivent, et à la patrie, le tribut de leur zèle, le concours de leurs connoissances locales ; et l'assemblée générale coloniale ne doit pas perdre un instant pour calculer, réfléchir et présenter son vœu.

Vous ne pouvez considérer, mes chers compatriotes, comme une anticipation de ma part, le résultat des réflexions que je vous présente, c'est celui de l'hommage du devoir, et du devoir d'un ami patriote.

Du moment qu'il a été question des colonies françoises à l'assemblée nationale, sans pouvoirs directement émanés de vous, je n'en ai pas moins coopéré aux travaux qui ont fait sortir le décret du 8 mars qui les concerne. J'aurois pu, à la vérité, à l'exemple de nos frères de l'Amérique, me présenter à l'assemblée, et vous y représenter provisoirement, jusqu'à la ratification de vos pouvoirs, ou jusqu'à l'arrivée de ceux que vous enverrez ; j'aurois été accepté comme eux ; mais des raisons de prudence, calculées sur l'éloignement et sur les circonstances, m'ont déterminé à vous représenter consultativement, et je crois avoir également servi vos intérêts, sans les compromettre. J'ai cru ensuite qu'il me convenoit de rassembler mes idées sur votre plan constitutionnel, de vous les communiquer ; et c'est la tâche que je vais remplir.

J'abrégerai, dans ce travail, toutes dissertations qui pourroient m'éloigner de mon objet ; je m'attacherai aux principes élémentaires ; je marcherai dans le sentier frayé par les sages représentans de la nation ; et comme eux, je diviserai les quatre pouvoirs qu'ils ont déterminé pour servir de base à la constitution françoise, savoir :

Le pouvoir législatif,

Le pouvoir exécutif,

Le pouvoir judiciaire,

Et le pouvoir administratif.

DU POUVOIR LÉGISLATIF.

Le pouvoir législatif consiste dans une force supérieure, sous la protection de laquelle reposent les droits sacrés de la société : le grand art des législateurs, doit être de déterminer les effets de la loi.

Le pouvoir législatif suprême appartient essentiellement à la nation ; elle seule délègue les trois autres : le premier au monarque, le second aux magistrats et le troisième à des corporations électives.

Tels sont les ressorts simples du gouvernement françois.

Ses quatres bases sont :

La liberté individuelle, l'inviolabilité des propriétés, la liberté de la presse, et la responsabilité des ministres.

C'est sur ces quatre bases et sur ces quatre principes, que la colonie de Bourbon doit établir sa constitution. Elle doit aussi prendre en considération, dans les articles de réglemens, les objets de commerce et d'échange qui ont déterminé son affiliation à l'empire françois.

Art. Ier. Toute nation a reçu le droit inhérent à son essence de se décréter les loix, sous l'empire desquelles elle veut vivre ; mais toutes les fois qu'un peuple a jugé convenable de s'unir à un autre, il n'a voulu conserver, de l'exercice de ce droit naturel, que la faculté d'en partager l'usage avec la nation à laquelle il s'est affilié ; ainsi l'isle de Bourbon, réunie au pavillon françois, ne peut s'attendre qu'à partager, avec la métropole, le droit de décréter les loix qui lui sont propres : mais elle partagera en même temps les fonctions augustes de législateur des contrées soumises à l'empire françois dans les deux mondes. C'est donc une vérité incontestable de déclarer que c'est aux représentans de la nation françoise, dont l'isle de Bourbon fait partie, à décréter de concert le plan d'une constitution également appropriée au régime du continent et à celui des colonies.

Le principe rigourenx et sévère, qui veut que toute bonne constitution soit uniforme, ne peut exister ici dans toute sa plénitude ; l'isle de Bourbon se trouvant à une distance de 4500 lieues du siège de l'empire françois, il est indispensable de modifier les conséquences de ce principe révéré ; il faudra donc admettre deux espèces de pouvoirs législatifs : le pouvoir législatif suprême appartiendra à l'assemblée nationale de France, et le pouvoir législatif provisoire sera réservé à chaque colonie en particulier.

II. Le pouvoir législatif provisoire résidera essentiellement dans l'assemblée générale coloniale ; celle de l'isle de Bourbon sera composée de tous les députés choisis dans chaque paroisse, dans un nombre proportionné à la population, au territoire et à l'impôt, et librement élus par chaque citoyen actif dans chaque assemblée paroissiale et élémentaire. On entendra, par chaque citoyen actif, tout habitant ayant une propriété foncière, et ayant atteint l'âge de 25 ans. Tous ces députés se réuniront dans la ville de Saint-Denis, capitale de l'isle de Bourbon, où sera invariablement fixé le lieu de résidence de l'assemblée générale coloniale ; ils seront pourvus de pouvoirs et instructions de leurs paroisses, à l'effet de travailler au code des loix coloniales. L'assemblée sera permanente, et chaque législature sera d'un an.

III. L'isle de Bourbon sera distincte et absolument indépendante de l'isle de France, quant à son régime et à ses loix ; le gouverneur seulement ne dépendra du gouverneur général que pour les opérations purement militaires, qui lui seront prescrites par le roi des François, au nom de la nation, et en rien pour toutes les opérations coloniales. L'isle de Bourbou ayant une localité toute particulière, doit avoir des loix appropriées à sa culture, à son commerce et à son intérêt, et la colonie doit avoir seule le droit de concourir à la formation des loix sous l'empire desquelles elle veut vivre ; elle présentera donc seule son vœu à cet effet à l'assemblée nationale de France, qui les décrétera définitivement, et les présentera à la sanction royale.

IV. Ce sera à ce gouverneur, nommé par le roi, que seront présentées, par le corps législatif provisoire, résident dans la Colonie, toutes les loix dont chaque législature aura rédigé la rédaction.

Le gouverneur sera libre de sanctionner la loi proposée ou de la rejetter : s'il la sanctionne, elle sera exécutée provisoirement ; s'il la rejette, il sera responsable de son refus.

V. La sanction ou le refus du gouverneur, ainsi que la loi proposée par l'assemblée générale de l'isle de Bourbon, seront soumis à l'examen de l'assemblée nationale de France, laquelle approuvera ou rejettera.

Si la législature de France confirme la sanction provisoire du gouverneur, elle la présentera elle-même à la sanction royale, et alors la loi deviendra définitive et absolue.

Si, au contraire, la législature de France annule la sanction du gouverneur, il ne sera plus responsable de l'avoir donnée, mais la loi cessera d'être exécutée dans la Colonie, qui pourtant aura le droit de la présenter encore à deux législatures suivantes, et pas plus.

Si l'assemblée nationale approuve le refus du gouverneur, la loi proposée sera rejettée.

Si elle désaprouve son refus, elle décrétera la loi provoquée par la Colonie, la fera revêtir de la sanction royale, et en vertu du décret de la responsabilité, fera juger le gouverneur.

VI. L'assemblée générale coloniale sera autorisée à proposer un plan de loix constitutionnelles et de réglemens sur tout ce qui peut intéresser le bonheur et la prospérité de la Colonie, soit en matière de finance, police, justice, de commerce et autres ; elle sera provisoirement dans la Colonie, ce qu'est l'assemblée nationale en France; elle décrétera, même provisoirement, les loix en ce qui concerne les biens domaniaux et ecclésiastiques. Seront exceptés des biens domaniaux les bâtimens du roi, destinés aux logemens des administrateurs du roi, l'hôpital, la caisse et les magasins de sa majesté, destinés au service de la marine et des troupes. L'assemblée générale pourra seulement se permettre l'examen des objets inutiles et dispendieux, et de l'envoyer à l'assemblée nationale, afin de coopérer à l'économie, si nécessaire au salut et au bonheur de l'état.

VII. L'assemblée générale coloniale considérera que les droits de la colonie sont, ou particuliers, ou relatifs; que les premiers tiennent au climat, au genre de population, d'intérêt et de culture; et que les seconds tiennent essentiellement à ses rapports commerciaux avec la métropole. En présentant son vœu et le contrat qu'elle va de nouveau former avec la mère-patrie, l'assemblée générale coloniale ne perdra jamais de vue que la colonie fait essentiellement partie de l'empire françois, et ce qu'elle lui doit pour la protection nationale; que les engagemens qui doivent exister entre elle et le commerce françois, que tous les liens d'utilité réciproque qui doivent l'attacher à la métropole, ne pourroient avoir aucune solidité, sans un rapport juste et parfait, sans une balance des objets d'importation et d'exportation.

Unie à la métropole, identifiée avec sa puissance, elle doit trouver, dans la disposition de ses forces, la garantie de ses propriétés; elle doit donc intéresser cette puissance à la conservation des avantages qu'elle recueillera de ses transactions avec elle, et se faire un devoir de la plus constante équité dans le code des loix relatives dont elle doit s'occuper.

DU POUVOIR EXÉCUTIF.

Art. Ier. Le pouvoir exécutif est une émanation de la puissance législative et du droit des nations; ce pouvoir doit être déterminé par des loix fondamentales, qu'elles ont droit de décréter.

Dans un empire dont toutes les parties sont liées et contigues, la force

force coercitive doit être réunie dans une seule main, dans celle du monarque, qui la distribue suivant sa sagesse et les loix fondamentales, desquelles il ne peut s'écarter; mais quand cette monarchie s'étend au-delà des mers, le pouvoir exécutif suprême appartenant au monarque, doit être transmis par lui à un délégué qui puisse, dans ces contrées lointaines, l'exercer provisoirement comme lui-même.

II. Ce délégué du roi s'appelera commandant particulier de l'isle de Bourbon; il ne pourra faire aucun acte d'autorité, qu'il n'ait prêté, dans l'assemblée générale coloniale, le serment d'être fidèle à la loi, à la nation, à la colonie et au roi, et de maintenir de tout son pouvoir la constitution coloniale, décrétée par l'assemblée nationale, et sanctionnée par le roi. Ce serment prêté, il prendra le commandement en chef des forces de terre et de mer, des troupes de ligne, des troupes nationales, soldées et non soldées. Il inspectera, en paix et en guerre, les fortifications, les arsenaux, les magasins, les ports et rades, les hôpitaux, les vaisseaux et la caisse de la marine du roi. Il nommera, de concert avec le ministre et les officiers des troupes réglées, conformément au code militaire qui sera décrété par l'assemblée nationale, et choisira à son gré ses aides-de-camp.

Toute obéissance d'exécution sera provisoirement due à ses ordres, comme à ceux du roi, sauf à en être responsable.

La durée de son commandement sera de cinq ans, sauf sa démission volontaire, ou la demande de son rappel par l'assemblée générale coloniale.

III. Un commissaire de la marine, nommé par le roi, remplira les fonctions d'ordonnateur; elles se borneront à veiller, dans les ports et rades de la Colonie, la dépense et la police des escadres et troupes de ligne, celle des magasins, des hôpitaux, des attelliers et caisse du roi. L'ordonnateur, comme le commandant, ne pourrent entrer que comme tous autres citoyens, à l'assemblée générale coloniale, et dans les tribunaux où ils n'auront aucune voix. La durée des fonctions de l'ordonnateur sera également de cinq ans, sauf sa démission volontaire ou la demande de son rappel par l'assemblée générale coloniale.

IV. Les milices actuelles de l'isle de Bourbon sont et demeureront supprimées; elles seront remplacées par des milices gardes nationales non soldées et soldées; elles porteront le même uniforme que les gardes nationales de France; le bouton sera le même pour toutes les paroisses de la Colonie; il sera timbré d'une fleur-de-lys et de *garde nationale de l'isle de Bourbon.*

V. Les gardes nationales non soldées seront composées de tous les citoyens de la Colonie dans chaque paroisse, depuis l'âge de seize ans accomplis, jusqu'à celui de cinquante. Ne seront exempts que les chevaliers de Saint Louis, pensionnaires du roi et de la nation, les conseillers, avocats, greffiers, notaires et huissiers, les comptables, médecins, chirurgiens et employés du roi.

VI. Les officiers destinés à commander les gardes nationales non soldées, seront élus tous les cinq ans et à la pluralité relative; savoir, les sous-officiers, adjudans, porte-drapeaux, lieutenans, sous-lieutenans et capitaines, par la commune de chaque paroisse. A l'égard du capitaine-major et du commandant, également éligibles tous les cinq ans, ils seront nommés par l'assemblée générale coloniale, sur trois sujets choisis parmi les capitaines, et présentés par la commune de chaque paroisse. Tous ces officiers pourront être continués; mais l'élection se fera régulièrement tous les cinq ans, à pareille époque de la première.

VII. L'état-major de chaque paroisse sera composé d'un commandant, d'un capinaine-major, de deux adjudans et d'un porte-drapeau.

VIII. Outre l'état-major particulier de chaque paroisse, il y aura un état-major général pour toutes les paroisses de l'isle de Bourbon, lequel sera composé d'un commandant-général, d'un major-général et de quatre aides-majors-généranx. Le commandant-général sera tenu de faire sa résidence dans la ville capitale; il commandera en chef toutes les milices gardes nationales non soldées et soldées, sous les ordres immédiats du commandant particulier de la Colonie, auquel il rendra directement compte. Il sera tenu, une fois l'an, à une revue générale dans toutes les paroisses de la partie du vent de la Colonie. En cas de rassemblement, en guerre comme en paix, il les commandera en chef.

Le major-général sera tenu de faire sa résidence dans la ville capitale; il aura, après le commandant-général, le commandement sur toutes les milices gardes nationales : une fois l'an, il fera une revue générale dans toutes les paroisses de la partie de dessous le vent de la Colonie; il sera comptable de tous les mouvemens, de toutes les milices gardes nationales, de situation et autres, envers le commandant-général. Les demandes des commissions des titulaires lui seront adressées, les contrôles des compagnies et autres objets, relativement à la police et discipline.

Deux aides-majors-géneraux seront placés dans la partie du vent, dont un habitera la paroisse de sainte Suzanne, et l'autre, celle de saint Benoît. Le second sera comptable, envers le major-général, de tous les mouvemens, depuis la paroisse de saint Benoît, jusqu'à celle de saint Joseph; et le premier, depuis sainte Marie jusqu'à saint André.

Des deux autres aides-majors-généraux, un résidera à saint Paul, et sera comptable, envers le major-général, de tous les mouvemens des paroisses sous le vent, jusqu'à celle du Repos de la Leu; et le second habitera celle de la rivière d'Abord, et sera comptable des mouvemens des paroisses du Gol et de la rivière d'Abord.

Les quatre aides-majors-généraux auront rang de major; ils en porteront les deux épaulettes; ils recevront les comptes des capitaines-majors de chaque paroisse : lesdits capitaines-majors n'auront que le rang de capitaine.

Les quatre aides-majors-généraux seront tenus de faire chacun une revue générale par an, dans les différentes paroisses, dont les mouvemens leur seront confiés; ils inspecteront également les différentes batteries situées dans leurs dépendances.

Les deux adjudans se partageront le service par quinzaine ; ils seront tenus d'inspecter les corps-de-garde, de visiter les postes ; ils seront chargés de la discipline des gardes nationales de leurs paroisses, des manœuvres et de tous les mouvemens, dont ils rendront compte au capitaine-major, et ce dernier, au comandant particulier de la paroisse, comme à l'aide-major-général, sous les ordres duquel il sera immédiatement.

IX. Chaque paroisse fournira une ou plusieurs compagnies d'infanterie, composées de cinquante citoyens non soldés, qui veilleront à la sûreté publique et particulière de leurs paroisses. Chaque compagnie sera commandée par un capitaine, un lieutenant et un sous-lieutenant, et subordonnée à deux adjudans, à un capitaine-major et un commandant particulier, qui aura rang de major.

X. Chaque paroisse aura son drapeau particulier, portant une légende différente ; il sera des trois couleurs nationales, et sera constamment déposé, hors le service, chez l'officier-commandant.

XI. Il sera prélevé le huitième des noirs, depuis quinze jusqu'à cinquante ans, de MM. les habitans de chaque paroisse, lesquels seront destinés au service des batteries situées dans lesdites paroisses, et qui leur seront remplacés par la caisse générale de la Colonie, en cas de mort ou accident en temps de guerre. Ces noirs seront exercés par une certaine quantité d'habitans ou citoyens gardes nationales non soldées, que l'on prélèvera, dans chaque paroisse, en proportion d'un par pièce de canon : le tout sera commandé par un officier ayant rang de lieutenant, lequel portera le même uniforme que les autres officiers des gardes nationales ; il ne sera distingué que par une grenade et une bombe brodée sur le troussis de l'habit. Cet officier sera comptable, envers le capitaine-major, des mouvemens et de tout ce qui peut concerner les batteries qui seront confiées à son commandement.

XII. Il sera choisi le nombre de quinze dragons sur MM. les

habitans de chaque paroisse, lesquels seront commandés par un officier ayant rang de lieutenant, lequel sera comptable, envers le capitaine-major, des mouvemens de son détachement. Ces quinze dragons seront destinés, en guerre et en paix, à porter les ordres, et au service à cheval. Dans le nombre des quinze, il y aura un brigadier et un maréchal-des-logis, chargés de la police et discipline du détachement. L'uniforme sera verd, revers, collet et paremens écarlate, doublure de même, et le bouton sera le même que celui de toutes les autres gardes nationales. Ces détachemens n'auront ni guidon, ni draqeaux; chaque dragon sera coëffé d'un casque.

XIII. Toutes les gardes nationales, fantassins, canoniers et dragons, seront sous les ordres immédiats du commandant particulier de chaqne paroisse.

XIV. Les gardes nationales soldées seront connues sous le nom de chasseurs, et composées de gens de couleur, lesquels seront tenus à ce service depuis l'âge de seize jusqu'à cinquante ans, à moins d'infirmités constatées. Les officier commandans seront pris et choisis parmi, et par eux, à la pluralité relative.

XV. Les gardes nationales soldées, divisées par paroisses, ne feront également qu'un seul et même corps. Elles seront commandées par un commandant général, qui aura rang de major, et par un capitaine-major, nommé par l'assemblée générale coloniale, et choisi par MM. les habitans blancs: l'un et l'autre feront leur constante résidence dans la ville capitale.

Le commandant sera chargé de la police et discipline desdites gardes nationales soldées, et de l'exécution des ordres de l'assemblée générale coloniale, ainsi que des municipalités de chaque paroisse; il sera tenu d'inspecter toutes lesdites gardes nationales une fois l'an.

Le capitaine-major sera chargé de la caisse, vivres, fournimens, et de tous détails relatifs auxdites gardes nationales.

Ces deux officiers seront nommés à vie, à moins de démission volontaire, retraite, abandonnement ou malversation.

XVI. Il sera formé, dans chaque paroisse, un détachement au moins de quinze mulâtres ou noirs libres. On aura attention de ne point déplacer ceux qui auront des propriétés dans lesdites paroisses ; et lorsque dans une paroisse il n'y aura pas le nombre suffisant, on choisira dans les autres, qui peuvent en posséder un plus grand nombre, et parmi les garçons les plus pauvres, pour le complément. Chaque détachement sera composé de quinze hommes, sans compter le sergent-major et deux caporaux. Le premier sera chargé du détail, et les deux autres commanderont les détachemens, suivant les ordres qu'ils recevront des municipalités de qui ils dépendront directement.

XVII. Chaque détachement sera commandé par un officier ayant rang de sous-lieutenant. Ces détachemens seront sans drapeau ; l'uniforme sera le même que celui des gardes nationales non soldées ; ils ne seront distingués que par deux corps-de-chasses brodés sur les troussis de l'habit, et deux épaulettes en laines vertes. Celles des gardes nationeles non soldées, seront de laine rouge. Le sous-lieutenant commandant chaque détachement, sera choisi parmi les noirs libres, et par eux, à la pluralité relative.

XVIII. Les gardes nationales soldées seront sous les ordres immédiat de chaque municipalité. L'officier-commandant en recevra les ordres, qu'il fera exécuter. Il rendra compte, par écrit, toutes les semaines, au capitaine-major, celui-ci au commandant-général, et ce dernier, au président de l'assemblée générale coloniale.

XIX. Les fonctions particulières et spéciales des gardes nationales soldées, seront d'exécuter ponctuellement les ordres du comité municipal de leur paroisse, de s'opposer au maronnage, de prêter main-forte pour l'exécution des loix constitutionnelles et de réglemens, et de contenir les esclaves dans le devoir.

XX. Il sera prélevé annuellement, sur la caisse générale de la Colonie, une somme destinée à l'entretien, à la solde et à la nourriture desdites gardes nationales soldées. Il leur sera alloué à chacun dix sols par jour; le ris leur sera délivré des magasins du roi, à leur frais, mais au prix desdits magasins. Ils seront tenus de s'habiller à leur dépens. Il leur sera alloué, par forme de gratification, trente livres par capture de nègre-maron depuis quinze jours, et cent vingt livres depuis un plus long-temps.

XXI. Toutes les gardes nationales non soldées et soldées, et tous les citoyens qui formeront ces troupes, prêteront, tous les cinq ans, le jour de leur élection ou continuation, et avec solemnité, sous les drapeaux bénis de leur paroisse, en présence des officiers municipaux, le serment d'être fidèles à la loi, à la nation, à la Colonie et au roi. Ce serment sera reçu par le commandant de la Colonie, délégué par le roi des François, sous les ordres immédiats duquel ils s'obligeront de se porter par-tout où besoin, sera pour la sûreté de la Colonie, de concert avec les troupes de ligne, qui seront de même aux ordres du commandant. Lesdites troupes gardes nationales non soldées ou soldées, ne pourront, dans aucun cas, être transférées hors de la Colonie.

XXII. Il sera prélevé, parmi messieurs les habitans blancs au-delà de cinquante ans, un certain nombre pour composer un détachement de vétérans, lequel sera commandé par un capitaine et un lieutenant; et un autre nombre parmi les habitans libres et de couleur, subordonné au premier, pour la garde d'un réduit qui sera établi dans chaque paroisse, dans l'endroit le plus difficile à y aborder, pour y transférer les femmes et enfans de tous les habitans de chaque paroisse, en temps de guerre, et dans des circonstances où le transport en seroit jugé convenable.

XXIII. Outre la revue générale des commandans et majors-généraux desdites milices gardes nationales non soldées et soldées, il en sera fait une générale tous les ans dans chaque paroisse, par le commandant de la Colonie, et une d'instruction, tous les mois, par le commandant particulier des milices de chaque paroisse. Les noirs destinés au service des batteries, seront exercés ce même jour par leurs officiers, ainsi que les détachemens de dragons.

En cas de rassemblement de plusieurs paroisses ou d'invasion hostile, tout s'exécutera toujours sous les ordres de l'état-major-général des milices gardes nationales, qui recevra directement ceux du commandant de la colonie.

XXIV. Tous les officiers des milices gardes nationales non soldées et soldées, seront brévetés par l'assemblée générale coloniale. La liste en sera présentée tous les cinq ans par le commandant-général, et sur le champ, en cas de remplacement par mort, retraite, jugement ou abandonnement.

Il sera institué un ordre civique et patriotique par l'assemblée générale coloniale, pour récompenser l'ancienneté de service et les actions d'éclat. L'ordre de Cincinuatus, avec le ruban national, sera conféré à tout officier, après vingt-quatre ans de service d'officier. Les années des gardes nationales compteront pour six mois. Tout garde national sera décoré du ruban national, seulement à l'âge de cinquante ans. Dans le cas où un officier élu ne seroit pas continué dans une seconde élection, son temps, jusqu'à une nouvelle élection, ne lui sera compté que sur le pied de garde national. et sur le pied d'officier, lorsqu'il sera élu de nouveau. On n'aura aucun égard au temps de service, lorsqu'il sera question de récompenser une belle action. Cet ordre, fondé en Amérique, y est éteint; s'il n'appartient à aucun peuple, la Colonie peut en opérer la fondation.

XXV. Il sera avisé, par l'assemblée générale coloniale, à la formation d'un tribunal militaire, ou cour martiale, pour juger les délits commis par les officiers, sous-officiers et gardes nationales de l'île de Bourbon (1). Il pourroit avoir lieu de la manière suivante :

(1) Les gardes nationales de l'île de Bourbon gardent seules la Colonie ; elles y font le service de troupes réglées ; elles sont dans le cas d'une décoration militaire.

Les

Les sous-officiers qui se seroient mal conduits, seront jugés par le conseil général de tous les officiers de la paroisse, assemblés et présidés par le commandant particulier. Tous les sous-officiers seront admis à ce conseil, et seront juges nécessaires.

Les officiers seront jugés également par le corps des officiers, et définitivement par l'assemblée générale coloniale. Au conseil des officiers, seront invités un capitaine, un lieutenant et un sous-lieutenant des trois paroisses les plus voisines, lesquels seront également juges nécessaires.

DU POUVOIR JUDICIAIRE.

ART. Ier. Le pouvoir judiciaire est une émanation de la puissance législative et exécutrice. Il est constitué pour le maintien de l'ordre établi par la loi; et l'exercice de ce pouvoir ne peut être ni rigoureux, ni arbitraire, lorsqu'il est gouverné par des principes fixes.

Tous les actes de la société devenant aujourd'hui uniformes par la régénération des loix françoises, l'instruction en deviendra moins compliquée et moins pénible, et la multitude des tribunaux devient onéreuse et inutile. L'assemblée générale coloniale, voulant se rapprocher de la forme adoptée en France, ordonne l'organisation suivante :

II. Tous les tribunaux actuellement existans dans la Colonie de l'île de Bourbon, sont et demeureront supprimés.

III. Ils seront remplacés par un seul conseil suprême dans la Colonie, résidant et constamment fixé dans la ville de Saint-Denis, capitale de ladite île, qui se trouve le point de centre. Ce conseil sera composé d'un président, de douze conseillers, d'un commissaire du roi, et d'un greffier en chef. Un des conseillers sera chargé de la curatelle aux successions vacantes, sur lesquelles il prélévera une commission de cinq pour cent, par forme de dédommagement pour ce travail extraordinaire.

IV. La justice sera rendue gratuitement, et il sera attribué, par forme d'appointemens ; savoir, 10,000 livres au président, 6000 livres à chaque conseiller, et 4000 liv. au greffier, auquel il sera passé 3000 livres de supplément pour deux commis-greffiers. Les susdits appointemens leur seront payés en argent de France.

V. La colonie de l'île de Bourbon étant composée d'un très-petit nombre de familles, les mariages, dans la Colonie, ne pourront être permis aux membres du conseil, attendu les fréquentes récusations qui pourroient en résulter, conséquemment les empêchemens à la finition des affaires. Lesdits conseillers seront élus par l'assemblée générale coloniale, qui pourra en désigner partie sur les lieux, et pourra s'adresser à l'assemblée nationale de France, pour faire remplir les places qui se trouveront vacantes. Ils seront commissionnés par le roi ; leurs commissions seront à vie, sauf leur démission volontaire ou prévarication. Par la raison que les mariages, dans la Colonie, seront défendus aux conseillers, aucun créol ne pourra être élu membre du conseil.

VI. Le conseil suprême de l'île de Bourbon prononcera, en dernier ressort, sur toutes les contestations civiles et au criminel, sur toutes les peines afflictives et peines de mort, sauf la sanction du gouverneur, qui pourra surseoir.

VII. Toute procédure à huis-clos sera supprimée. Tout citoyen, au civil, pourra plaider sa cause, ou la faire plaider en son nom.

Tout accusé au criminel pourra se choisir un conseil. Nul ne pourra être détenu plus de trois jours sans un décret. Dans le même délai on fera connoître à l'accusé son dénonciateur. Tous les interrogatoires seront prêtés en public.

VIII. L'arrêt de mort ne pourra être exécuté sans la signature du gouverneur. Il pourra signer sans délai, et alors l'exécution s'en suivra immédiatement, ou il pourra suspendre, si c'est l'avis de la moitié des juges, et attendre de sa majesté la confirmation du jugement ou la grace du coupable.

IX. Le conseil suprême sera au surplus assujéti aux mêmes règles que le pouvoir judiciaire en France; les mêmes formes et formalités seront de rigueur: il enregistrera purement et simplement toutes les loix proposées par l'assemblée générale coloniale, décrétées par l'assemblée nationale de France, et sanctionnées par le roi des François; il en ordonnera la promulgation et affiche dans toutes les paroisses de la Colonie.

X. Pour se rapprocher de l'organisation du pouvoir judiciaire en France, l'assemblée coloniale de l'isle de Bourbon pourra s'entendre avec l'assemblée coloniale générale de l'Isle de France: on pourroit respectivement décréter qu'il pourroit y avoir appel d'un conseil à l'autre. L'appel au tribunal de cassation en France pourra toujours avoir lieu au civil, et le pouvoir judiciaire, dans la Colonie, sous ce rapport, sera soumis aux mêmes règles, aux mêmes chefs que le pouvoir judiciaire en France, et sans la participation du ministre de la marine et des Colonies.

XI. Tout citoyen, pouvant plaider ou faire plaider sa cause, il ne sera dressé aucun tableau d'avocat au conseil, ni délivré de commissions de procureur. Quatre notaires seront commissionnés par l'assemblée générale coloniale, sur la présentation des sujets par le conseil, et chargés de recevoir tous actes, de faire les ventes des esclaves et immeubles seulement à termes, et des marchandises, toujours au comptant. Quatre huissiers, également commissionnés par l'assemblée générale coloniale, sur la présentation des sujets par le conseil, suffiront pour la ville capitale et dépendance. Ils feront chacun, par mois, le service au conseil: nulle primatie parmi eux.

XII. Il sera établi un juge de paix dans chaque paroisse, lequel sera choisi par les citoyens de ladite paroisse. Ce juge de paix sera commissionné par l'assemblée générale coloniale; il sera en même temps pourvu de l'office de notaire, ce qui lui tiendra lieu d'appointemens. Sa commission sera à vie, sauf sa démission volontaire ou prévarication.

Il sera établi un contrôleur des actes dans chaque paroisse, et un huissier; il sera accordé audit contrôleur une taxe par chaque acte qu'il contrôlera; les huissiers seront sans appointemens; ils seront tenus de faire contrôler tous leurs actes, exploits et assignations dans trois jours, et les notaires, leurs actes dans huit jours.

Le contrôleur sera encore chargé du bureau de la déclaration des hypothèques; et pourquoi, il lui sera encore accordé une taxe sur chaque déclaration.

Les commissions de juge de paix, de notaire, contrôleur et huissier, seront à vie, sauf leur démission volontaire ou prévarication.

XIII. Les juges de paix prononceront au civil jusqu'à la somme de 1200 liv. en dernier ressort, et jusqu'à des sommes indéterminées, sauf appel au conseil suprême.

Ils prononceront, au criminel, jusqu'à peine de prison, et seront tenus, sous trois jours, d'élargir l'accusé, ou de prononcer son décret de prise-de-corps, en le renvoyant au conseil.

XIV. Le conseil et les juges de paix se conformeront en tout à la forme prescrite par l'assemblée nationale. A l'égard du pouvoir judiciaire en France, soit en matière civile, soit en matière criminelle, il n'y aura d'autre exception que pour les loix locales et de réglemens, qui seront prescrites par l'assemblée générale coloniale; ils jugeront encore des matières consulaires et d'amirauté.

XV. Quoique le conseil suprême soit fixé dans la ville de Saint-Denis, il y aura néanmoins un juge de paix attaché à ladite ville; mais il ne sera point pourvu de la commission de notaire.

La police de chaque paroisse sera spécialement à la diligence des juges de paix : il sera attaché à leur service ; savoir, quatre gardes au juge de paix de la ville capitale, et deux à celui de chaque paroisse, lesquels seront pris et choisis parmi les noirs libres, composant le détachement attaché à ladite paroisse. Ces gardes porteront sur leur uniforme une bandoulière aux armes du roi.

DU POUVOIR ADMINISTRATIF.

ART. Ier. Le pouvoir administratif est de la plus grande importance; l'influence qu'il exerce sur tous les citoyens est si sensible, que son exercice doit être confié, non-seulement à l'assemblée générale coloniale, mais encore à toutes les parties actives du corps social qui ont intérêt à s'imposer et à déterminer la nature de l'impôt.

On distinguera, dans la formation du pouvoir administratif, trois objets principaux.

Les assemblées purement électorales, paroissiales ou élémentaires, qui éliront, s'imposeront et n'administreront pas; les assemblées administrantes, qui formeront le bureau municipal de chaque paroisse, et l'assemblée générale coloniale, qui décrétera les impositions.

II. Avant de définir la nature et les devoirs de chacune de ces assemblées, on divisera la Colonie de l'Isle de Bourbon en dix paroisses, dont chacune aura un bureau municipal particulier. Les dix paroisses seront; savoir, Saint Denis, Saint Paul, Sainte Marie, le Repos-de-la-Leu, Sainte Suzanne, le Gol, Saint André, la Rivière d'Abord, Saint Benoît et Saint Joseph.

III. Les assemblées électorales, paroissiales ou élémentaires, seront composées de tous les citoyens actifs, majeurs de vingt-cinq ans accomplis, libres et payant un impôt direct et proportionnel, résidans dans la Colonie, ou représentés par des procureurs *ad hoc*.

IV. Le bureau municipal sera composé de quatre officiers municipaux, d'un procureur-syndic de la commune, d'un secrétaire et d'un trésorier ; choisis par l'assemblée électorale, paroissiale ou élémentaire, à l'effet de régir et administrer les impôts et tous autres objets faisant partie des intérêts de la paroisse ou municipalité ; de plns, de quatre notables ayant voix consultative et délibérative, quand ils suppléeront.

V. L'asssemblée générale coloniale sera composée des députés choisis par les deux premières, à l'effet de présenter à l'assemblée nationale de France le vœu de la Colonie sur les loix constitutionnelles, locales et relatives aux rapports commerciaux entre la métropole et la Colonie.

VI. Chaque assemblée paroissiale, électorale et élémentaire, huit jours après la publication qui en aura été faite au prône, à la réquisition du marguillier en exercice, pour la première assemblée, et pour les subséquentes, à celles du bureau municipal, élira dans son sein un nombre de députés qui devra concourir à la formation de l'assemblée générale coloniale. Ce nombre sera proportionné à l'étendue de la paroisse, à sa population, et à l'impôt proportionnel dont elle sera susceptible ; chaque citoyen votant consultera sa conscience, et choisira, parmi ses compatriotes, les sujets les plus capables de remplir l'espoir de la paroisse, de la Colonie et de l'asemblée nationale de France : cette élection aura lieu à chaque législature.

La première élection faite, il sera expédié, au nom de chaque paroisse, des pouvoirs en forme auxdits députés, et des cahiers ou mandats, contenant le vœu de ses habitans sur le code des loix constitutionnelles, intérieures et relatives, dont l'assemblée coloniale devra s'occuper. Les dix paroisses conviendront du jour où leurs députés devront se rendre à la ville de Saint-Denis, pour s'occuper de la formation de ladite assemblée ; et avant leur départ, ils prêteront serment, entre les mains de leurs commettans, de s'acquitter fidèlement de leur mission à l'assemblée générale coloniale, de ne pas outrepasser leurs mandats, de les consulter en cas qu'elles n'auroient pas tout prévu, et de choisir, en leur ame et conssience, les députés qui devront représenter la Colonie auprès de l'assemblée nationale de France, de la nomination desquels l'assemblée générale coloniale sera chargée ; elle aura encore le droit de travailler et de faire les instructions, cahiers ou mandats qui leur seront nécessaires, comme les pouvoirs en forme qui seront indispensables.

VII. Le jour convenu, tous les députés se rendront à l'heure et au lieu indiqués. Réunis dans une salle commune, sous la présidence momentanée du doyen d'âge, ils éliront au scrutin, à la pluralité simplement relative, six d'entre eux, dont les noms seront écrits, par chaque député, sur une liste. Le scrutin, dépouillé par les trois plus anciens d'âge après le président, désignera celui qui aura réuni le plus de voix pour la place de président de l'assemblée générale coloniale.

Pour secrétaires, les deux membres qui auront réunis le plus de voix après le président.

Pour scrutateurs, les deux membres qui auront réunis le plus de suffrages, et pour trésorier-général, celui qui aura enfin réuni le plus de voix après les cinq premiers.

Cette élection aura lieu tous les mois ; celle du trésorier seule sera constante, sauf sa démission ou prévarication : lesdits autres offciers pourront être continués ; mais chaque mois l'élection aura lieu.

L'assemblée générale coloniale ainsi organisée, tous les députés répondront à l'appel qui en sera fait par l'un des secrétaires, suivant le tableau alphabétique des paroisses ; ils apporteront séparément leurs pouvoirs, qui seront sur le champ vérifiés et enregistrés. La vérification et l'enregistrement fait, ils prendront place dans le même rang.

VIII. Tous les députés, après avoir réitéré le serment entre les mains du président, d'être fidèles à la loi, à la Colonie, à la nation et au roi, promettront encore de ne s'occuper d'aucune autre espèce d'affaires, que de celles de la Colonie, et y procéderont sans délai. A chaque séance, il sera dressé un procès-verbal, lequel sera signé par le président, les deux secrétaires, les trois scrutateurs, et par un député de chaque paroisse.

Immédiatement après la formation de l'assemblée générale coloniale, elle enverra à l'assemblée nationale de France le procès-verbal qui en constate : il sera toujours fait trois expéditions de tous les envois qui auront lieu.

L'assemblée générale coloniale s'occupera, dans cette première séance, de la nomination des députés de la Colonie auprès de l'assemblée nationale, de ses instructions; elle leur remettra tous les paquets qu'elle aura à adresser à ladite assemblée, si elle les choisit parmi les colons; ou elle les leur adressera en France, si elle les choisit parmi les colons résidans en France. Elle pourra nommer ses députés parmi tous François, quoiqu'ils n'aient aucune propriété dans la Colonie, pouvu qu'ils y aient demeuré, et qu'ils y aient mérité, pendant leur séjour, l'estime générale par leur probité et leur bonne conduite.

IX. Les députés de la Colonie (1) auprès de l'assemblée nationale, feront partie intégrante de la législation en France; ils correspondront directement avec l'assemblée générale coloniale; ils auront soin de lui adresser, par chaque vaisseau qui fera voile pour les îles de France et de Bourbon, tous les procès-verbaux de chaque séance de l'assemblée nationale: ils seront chargés de représenter ladite Colonie en France, de protéger et veiller à ses intérêts; ses députés pourront être révoqués en cas de négligence ou d'inconduite. L'assemblée générale coloniale tiendra ses séances publiquement, et chaque député sera tenu d'envoyer au bureau municipal tous les décrets provisoirs de chaque séance par semaine, ainsi que ceux que les députés de la Colonie à l'assemblée nationale de France enver-

(1) Un seul député en France suffira pour représenter la Colonie auprès de l'assemblée nationale; il lui sera adjoint un suppléant pour le remplacer, au cas de maladie, mort, ou autrement.

ront,

ront ; afin que chaque paroisse puisse être instruite des travaux de l'assemblée nationale de France, et de l'assemblée générale coloniale.

X. Les assemblées paroissiales n'auront d'autres élémens que la réunion de tous les citoyens actifs, résidans dans la Colonie ou représentés par leurs procureurs, pour nommer à chaque législature leurs députés à l'assemblée générale coloniale, tous les officiers et sous-officiers des milices gardes nationales, tous les cinq ans, et à pareille époque, les officiers municipaux qui devront former le bureau municipal : leur réunion aura lieu toutes les fois qu'il s'agira de ces objets, et des impositions qui devront avoir lieu.

XI. Immédiatement après l'assemblée, dans laquelle chaque assemblée paroissiale et élémentaire aura procédé à l'élection de ses députés à l'assemblée générale coloniale, elle procédera, dans une seconde, à celle des officiers et sous-officiers qui devront commander les milices gardes nationales, et il sera dressé, sur le champ, un contrôle de tous les citoyens qui devront les composer, conformément à l'article V, du pouvoir exécutif.

XII. Immédiatement après la nomination des officiers et sous-officiers des milices gardes nationales, et la formation desdites milices, lesdits officiers, sous-officiers et gardes nationales prêteront, sous leurs drapeaux bénis, en présence des officiers muncipaux, et entre les mains du commandant de la Colonie, le serment d'être fidels à la Colonie, à la loi, à la nation et au roi.

XIII. Il sera établi, dans chaque paroisse, un corps-de-garde pour lesdites milices, consistant en deux pièces, l'une, pour l'officier de service, et l'autre, pour les gardes nationales. Il sera pareillement établi dans le même bâtiment une prison pour les blancs, avec un appartement séparé pour les gens libres de couleur, et un bloc pour les esclaves, dans une troisième.

XIV. Il sera constamment attaché, à chaque corps-de-garde, un sergent ou caporal, et cinq gardes nationales, qui veilleront à la sûreté des prisonniers, et à celle particulière de leurs paroisses. Lesdites gardes nationales ne feront de factions que la nuit, et ne pourront jamais s'absenter le jour dudit corps-de-garde. Un officier de semaine sera chargé d'inspecter le poste, la prison et le bloc. La garde montera et se renouvellera tous les dimanches, à l'issue de la messe paroissiale.

XV. Lesdites assemblées paroissiales et élémentaires procéderont, sans désemparer, à l'élection des officiers municipaux qui devront composer le bureau municipal de chaque paroisse. Ce bureau sera composé de quatre officiers municipaux, d'un secrétaire, d'un procureur-syndic, d'un trésorier, et de quatre notables ou adjoints

XVI. Les quatre officiers municipaux seront égaux entre eux, et présideront tour à tour par trimestre. Le premier trimestre appartiendra au premier nommé. L'officier municipal de trimestre sera chargé de la convocation des officiers qui composeront le bureau municipal, de le présider toutes les fois que les intérêts de la Colonie l'exigeront. Il y aura assemblée de bureau tous les dimanches, à l'issue de la messe paroissiale. L'officier municipal du trimestre sera également chargé de convoquer et de présider l'assemblée paroissiale et élémentaire, toutes les fois qu'il sera requis, soit par l'assemblée générale coloniale, soit par les habitans, soit par les officiers du bureau municipal. Les officiers du bureau municipal seront les mêmes pour l'assemblée paroissiale et élémentaires. La durée de leur exercice sera de cinq ans.

XVII. Les quatre adjoints ou notables les aideront dans leurs pénibles fonctions; ils les asssiteront avec voix consultative, et les suppléeront avec voix délibérative, en cas d'absence, maladie ou autrement.

XVIII. Le procureur-syndic sera le rapporteur de toutes les affaires qui intéresseront la commune de chaque paroisse; il sera chargé de faire exécuter les délibérations du comité municipal; tout ce qui intéressera le bien et le bonheur de la commune, sera à sa diligence.

XIX. Le secrétaire sera chargé de la tenue des registres, où seront contenues les délibérations, de toutes expéditions, mandats et autres objets, lettres circulaires et de convocations.

XX. Le trésorier sera chargé de la recette ordinaire et extraordinaire des impositions, qu'il versera dans la caisse générale de l'assemblée générale coloniale. Il ne pourra rien payer sans un mandat du président, et une délibération du bureau municipal, signé du secrétaire.

XXI. Tous ces officiers seront élus tous les cinq ans; mais afin de ne pas laisser échapper le fil des affaires, deux des officiers municipaux et deux adjoints se retireront au bout de trois ans, de sorte que deux anciens et deux nouveaux exerceront toujours à la fois. Lesdits officiers pourront être continués.

XXII. Les bureaux ou comités muuicipaux auront deux espèces de fonctions à remplir; les unes, propres au pouvoir municipal, et les autres, relatives à l'administration déléguée par l'assemblée générale coloniale à chaque municipalité.

XXIII. Les fonctions propres à chaque bureau municipal, sous la surveilllance et l'inspection de l'assemblée générale coloniale, seront :

1°. De régir les biens et revenus communs de la paroisse ou municipalité;

2°. De régler et d'acquitter les dépenses locales qui doivent être payées des deniers communs;

3°. De diriger et faire exécuter les travaux publics, chemins, balisage, canaux, ponts et bâtimens qui seront à la charge de chaque communauté;

4°. D'administrer les établissemens qni appartiennent à la commune, consistans en biens communaux, domaniaux et ecclésiastiques, aujourd'hui nationaux; les nègres achetés au profit et en commun par chaque commune, pour la réparation et entretien des travaux publics;

5°. De faire jouir les habitans des avantages d'une bonne police, notamment de la propreté, de la salubrité et de la tranquilité dans tous les lieux dépendans desdites paroisse ;

6°. De surveiller et étendre leur vigilance sur le traitement que l'humanité et le code coloniale, concernant les nègres esclaves, prescrivent positivement en leur faveur ; de s'assurer si chaque propriétaire plante ou récolte des vivres en suffisante quantité et proportionnée à celle de leurs esclaves ; d'inspecter les magasins même desdits habitans, de veiller à ce qu'ils ne soient point surchargés par des travaux extraordinaires ; à ce qu'ils jouissent librement des fêtes et dimanches ; en un mot, à ce qui peut intéresser leur bonheur et leur conservation.

XXIV. Les fonctions, relatives à l'administration générale, qui peuvent être confiées aux bureaux municipaux, par l'assemblée générale coloniale, seront,

1°. La répartition des contributions directes entre les habitans dont la commune est composée ;

2°. La perception des contributions ordinaires et extraordinaires ;

3°. Le versement de ces contributions dans la caisse générale de l'assemblée générale coloniale ;

4°. La direction immédiate des travaux publics dans le ressort de la municipalité ;

5°. La régie immédiate des établissemens publics, destinés à l'utilité générale ;

6°. La surveillance et l'agence nécessaire à la conservation des propriétés publiques ;

7°. L'inspection directe des travaux, réparations ou reconstrucions des églises, presbytères, et autres objets relatifs au service du culte religieux.

8°. L'exécution de tous les décrets provisoirement rendus par l'assemblée générale coloniale, sanctionnés par le commandant, et définitivement décrétés par l'aasemblée nationale de France, et sanctionnés par le roi des François.

XXV. A cet effet, et pour l'exercice des fonctions propres ou déléguées auxdits bureaux et corps municipaux, ils auront droit de requérir le secours des gardes nationales non soldées et soldées, et autres forces publiques de troupes de ligne et de marine, toutes les fois que le cas l'exigera.

XXVI. Lesdits officiers municipaux ne pourront exercer en même tems ces fonctions et celles de gardes nationales.

XXVII. Les noirs libres et citoyens actifs, auront voix délibérative dans les assemblées électorales, paroissiales et élémentaires, comme tous les citoyens blancs; mais ils seront rassemblés dans un appartement séparé, et toujours présidés par un des officiers municipaux.

Il sera décrété, par l'assemblée générale coloniale, un code de réglemens particuliers pour eux et pour les nègres esclaves (1). Cette disposition tiendra constitutionnellement à ses pouvoirs, sans que ce réglement puisse être annullé par l'assemblée nationale de France, du moins en ce qui concerne les nègres esclaves; et la ligne de démarcation, tirée par elle, ne pourra jamais être outre-passée.

XXVIII. L'assemblée générale coloniale sera pareillement autorisée à décréter, et à pourvoir à tous réglemens particuliers de police, finance et administration pour le régime intérieur de la Colonie; mais elle ne pourra, dans aucun cas, s'écarter des loix constitutionnelles de l'empire François, ni contrevenir aux loix particulières décrétées par l'assemblée nationale de France.

XXIX. Ce sera à l'assemblée génésale coloniale à examiner

---

(1) Les nègres sont une propriété dont la Colonie est imposée : les loix concérnant cette propriété, ne peuvent apparteuir à l'assemblée nationale, qui a décrété la liberté de l'homme; elle doit s'en rapporter aux réglemens que l'humanité prescrira en leur faveur, et dont la Colonie s'occupera sérieusement.

A l'égard des nègres libres, la nature du sang et des conditions exigent une ligne de démarcation qu'il appartient encore à la Colonie de tirer; ces deux dispositions se légitiment naturellement, sans déroger au pacte affiliatif de la Colonie avec la métropole.

s'il convient que la Colonie s'empare des biens domaniaux et ecclésiastiques, aujourd'hui nationaux; elle statuera définitivement sur ces deux objets, après avoir consulté le vœu de chaque paroisse. Dans le premier cas, chaque bureau municipal sera chargé de la régie de ceux qui en dépendront.

Sur ces deux objets, je me permettrai deux observations bien essentielles.

J'observerai premièrement, qu'il convient que la Colonie s'empare des biens domaniaux. La distribution vicieuse qui en a éte faite jusqu'à ce jour, le mode même de cette distribution, qui a constamment écrasé et ruiné les colons, soit par l'impulsion particulière d'un arpenteur vindicatif, disposé à se venger ou à servir la vengeance des administrateurs, soit par les dispositions peu claires des contrats primitifs, tout m'autorise à inviter la Colonie à s'en saisir.

Il conviendra, à cet égard, que l'assemblée générale coloniale fasse dresser, aux frais de la Colonie, par l'arpenteur du roi, qui sera désormais celui de l'isle, le dépositaire de ses plans, lequel sera commissionné par ladite assemblée, choisi par elle, et parmi tous les arpenteurs, un plan terrier qui désignera les terreins à concéder, et ceux appartenans aux habitans; que chaque citoyen soit obligé de déclarer et de justifier de tous titres de propriété dans l'espace de trois mois; que ce plan une fois dressé, arrêté et décrété, on ne puisss revenir contre, et qu'il ne puisse y être fait aucun changement.

Au moyen de ce plan terrier, de toutes contestations définitivement et préalablement jugées, l'assemblée coloniale aura la satisfaction de pourvoir, par une distribution sage, aux besoins des familles malheureuses, et de vendre encore, au profit de la Colonie, nombre de terreins qui se trouvent à concéder dans la partie du sud, sauf à les laisser en réserve, et pour subvenir au secours des colons affligés, si elle le juge convenable.

Il conviendra que toute concession ne puisse être faite qu'à un habitant de l'île de Bourbon; que toute demande en concession soit préalablement vérifiée, apostillée et présentée par le bureau municipal. L'assemblée générale coloniale aura seule le droit de vente et de concession. La sanction du gouverneur sera toujours nécessaire ; comme il sera constamment responsable de ses refus.

J'observerai encore, sur ce premier objet, qu'il conviendroit que l'assemblée générale coloniale décrétât que tous actes, tous titres généralement quelconques passés, depuis la prise de possession, par les François, de la Colonie jusqu'à ce jour, de bonne foi, fussent déclarés bons et valables ; et dans le cas où il y en auroit de contesté, qu'avant de rendre ce décret, elle les fît tous juger. On sait que l'ignorance des notaires et gens de loix a donné lieu à une infinité d'erreurs, que des procureurs avides ont intérêt à relever ; que tout s'étant passé de bonne foi, il convient de décréter une transaction générale. Ce décret, portant sur les propriétés, et le plan terrier justement dressé, éviteront tous les procès, et rameneront la paix et l'harmonie dans une colonie de frères, dans une colonie faite, par sa position et par ceux qui l'habitent, pour être à jamais heureuse. Quant aux biens domaniaux, consistans en emplacemens et bâtimens civils, inutiles à la nation, et dispendieux par les réparations, et sujet principal des désordres, j'indiquerai plus bas ceux qu'il faudra conserver et ceux qu'il faudra vendre.

Quant aux biens ecclésiastiques, j'estime encore qu'il convient que la colonie s'en saisisse ; qu'elle salarie les prêtres, et se charge du culte.

Il résulte nécessairement, de la nature et de la régie des biens ecclésiastiques, des négligences et des abus ; les unes et les autres sont inévitables. Il est impossible qu'un prêtre puisse s'occuper du culte, souvent avec la célérité requise dans un cas de baptême, de confession pressés, et de régir des biens, souvent à deux lieues de distance du presbytère. Comme il ne convient pas non plus qu'un prêtre, qui remplit pieusement ses devoirs, soit à la merci des habitans dans le cas d'un ouragan qui détruit les propriétés, ou d'une sécheresse qui annulle ses revenus. Dans tous les cas, il convient donc que l'existence physique des curés et vicaires de l'île de Bourbon soit assurée, et qu'ils ne puissent être distraits de leurs fonctions.

J'observerai encore affirmativement, que la Colonie faisant partie de l'empire François, doit en partager les charges; et s'il est démontré que l'île de Bourbon compense les avantages de la protection nationale par sa position, par sa fertilité, par les approvisionnemens qu'elle fournit, au plus bas prix, à l'île de France, le point de centre des forces de la métropole au-delà du cap de Bonne-Espérance, j'estime qu'elle ne doit pas se borner à cette seule utilité envers la mère patrie, si elle peut faire plus : c'est à elle à approfondir la question et le plan de dépense que je propose.

Je pense que la Colonie de l'île de Bourbon peut se charger de payer le conseil, le clergé, le trésorier, le député en France, et les gardes nationales soldées. Dans ce cas, le trésor national n'aura à payer que le gouverneur délégué par le roi, l'ordonnateur, les employés dans l'administration, qu'on peut réduire à un très-petit nombre; et le commissaire du conseil.

Quant aux troupes de ligne et aux forces navales, il n'y en a jamais eu à Bourbon; toutes dépenses pour ces objets ont toujours dû être portées sur la dépense de l'île de France. Si, par le passé, elle a été portée en commun, ce n'est que par une suite des abus énormes qui ont été commis dans ces deux colonies, et qui font regretter à la nation la protection qu'elle leur a constamment accordée.

Il n'y a jamais eu de marine à l'île de Bourbon; les escadres ont toujours été destinées, comme les vaisseaux de côte et de transport, pour la défense commune de tous les établissemens françois au-delà du cap de Bonne-Espérance, pour l'approvisionnement de l'île de France. On n'a jamais envoyé plus de cinquante à quatre-vingt hommes au plus, même pendant la dernière guerre, de troupes à l'île de Bourbon; et ces troupes n'ont servi

qu'à

qu'à la garde du gouverneur, de la caisse du roi, des archives de l'intendance, et des prisons. La Colonie s'est toujours gardée elle-même avec ses milices coloniales.

L'île de Bourbon n'a jamais été considérée que comme le grenier de l'île de France; et les administrateurs en chef de cette dernière, ont porté, à son égard, le degré de bienveillance et de despotisme envers la première, jusqu'à fixer la culture et le plus bas prix, suivant les circonstances, à ses denrées.

Dans le chapitre des dépenses de l'île de Bourbon, je serai donc autorisé à supprimer celles occasionnées par la marine et les troupes, et je diviserai cette dépense en dépense nationale et en dépense coloniale. Je subdiviserai la première en dépenses d'appointemnes et de solde, en dépenses de nourriture et de réparations.

Dépenses nationales d'appointemens.

Au commandant de la Colonie, délégué par le roi,	24,000 liv.
A deux aides-de-camp, ...	4,800
A un commissaire ordonnateur, ...	12,000
A un commissaire au conseil suprême, ...	6,000
A un contrôleur de la marine et des colonies, . .	4,000
A un sous-commissaire-inspecteur des hôpitaux et magasins, ...	3,000
A un trésorior, ...	3,000
A deux commis principaux, un dans chaque hôpital, ...	4,000
A huit employés pour les écritures des différens bureaux, ...	16,000
A six commis aux recettes, pour les six magasins du roi dans la Colonie, ...	9,600
A deux officiers de port, dont un à Saint-Denis et un à Saint-Paul, ...	4,000
A sept maîtres de port, dont un pour chaque rade où il y a un magasin du roi, ...	7,000
	97,400 liv.

De l'autre part, ...	97,400 liv.
A un médecin pour l'hôpital de Saint-Denis, . .	3,000
A deux chirurgiens-majors, dont un à l'hôpital Saint-Denis, et un à celui de Saint-Paul, ...	4,800
A deux aides-majors, dont un à Saint-Denis et un à Saint-Paul, ...	3,000
A huit sœurs grises, dont quatre dans chaque hôpital,	8,000
	116,200 liv.

Dépenses nationales en soldes et nourritures.

On suppose que la nation conserve cinq cens nègres pour sa marine, pour ses magasins, hôpitaux et bureaux, ce qui est plus que suffisant. On suppose que chaque nègre revienne à 12 sous par jour pour ses vivres, vêtemens et frais d'hôpitaux; cette dépense se montera encore à	109,800
Deux piqueurs pour la distribution et l'inspection des travaux;	2,400
	112,200 liv.

Dépenses nationales en frais de bureaux et réparations.

On suppose que les frais de bureaux, de plumes, papier, encre et cire, puissent se monter à . . .	24,000
On suppose enfin que les bâtimens nationaux qui seront utiles et indispensablement conservés, puissent coûter annuellement en réparation, (1)	50,000
	74,000 liv.

(1) Seront comprises, dans les frais de réparations ci-dessus, les batteries situées dans les différentes paroisses sur les bords de la mer.

J'estime que cet apperçu de dépenses sera, à peu près, exact et suffisant. Pour cet effet, il faudra borner la dépense des employés à appointemens, à leur appointement et solde seulement, sans leur attribuer des gratifications, rations, vivres, etc., la source ordinaire des abus. Le traitement ci-dessus désigné, est honnête, et conforme à la dépense locale. J'ai augmenté le traitement et diminué le nombre des employés, que j'ai réduit au seul nécessaire.

Récapitulation de la dépense nationale.

Dépense des appointemens, ...	116,200
De la solde et nourriture, à	112,200
De frais de bureaux et réparations, ...	74,000
	302,400 liv.

Il est à observer que la colonie de Bourbon compense, et au-delà, cette dépense nationale, par tous les approvisionnemens qu'elle a constamment fournis et qu'elle consentira toujours fournir, au meilleur compte, à la colonie de l'île de France, pour les troupes et escadres que la nation sera dans le cas d'y envoyer, pour la protection de son commerce aux Indes et à la Chine. Il seroit cependant juste de fixer le prix des denrées d'approvisionnement, afin que chaque habitant puisse diriger ses cultures, et ne pas dépendre de la fantaisie des administrateurs pour cet objet (1). On pourra évaluer le bled à 20 liv. le 100; le riz à 12 liv., les pois et haricots à 10 liv., et le mahis à 8 liv., payables en piastres à 5 liv. 8 s., ou en lettres-de-change sur le trésor national. La colonie de Bourbon, en estimant la main-

(1) Les administrateurs ont mis le bled à 12 liv., à 15, à 18, etc., suivant les besoins. Cette vacillation a souvent mis l'île de France dans le besoin; il est intéressant de fixer un prix constant, afin d'assurer la subsistance des deux îles, des troupes et escadres.

d'œuvre, l'intérêt de sa propriété, pourra travailler fructueusement ; et la nation ne supportera qu'une dépense avantageuse, qu'elle ne pourroit faire ailleurs qu'à des prix infiniment au-dessus.

Indépendamment de ce premier avantage que la nation retirera de la colonie de Bourbon, elle jouira du privilège exclusif de l'importation de ses cafés et cotons, singulièrement estimés, et de l'approvisionnement de cette île : ce résultat offrira encore à la métropole une balance très-avantageuse.

On remarquera que toutes dépenses faites à l'île de Bourbon pour la marine et les troupes, ne pourront jamais être faites pour le compte de cette colonie. Il est possible que l'administration de l'île de France retire de cette île, des matières, des bois et autres objets pour la construction et le radoub des vaisseaux; mais cette dépense extraordinaire sera toujours relative à la marine de France et à la protection de son commerce. La dépense de Bourbon est appréciée, avec exactitude, au tableau ci-dessus.

Je passe à la dépense coloniale, que je diviserai en quatre chapitre : en dépenses coloniales pour le conseil, en dépenses coloniales pour le clergé, en dépenses coloniales pour les gardes nationales soldées, et enfin, en dépenses pour les noirs et administration particulière de la colonie, et pour le député en France.

Dépenses du conseil.

A un président, ...	10,000 liv.
A douze conseillers, 6,000 liv. à chaque, ...	72,000
A un greffier en chef, ...	4,000
A deux commis-greffiers, ...	4,000
A un concierge geolier, ...	1,500
A un arpenteur garde-des-plans de la Colonie, . . .	4,000
	955,500 liv.

Dépense du clergé.

A dix curés, pour les dix paroisses de la colonie, à chacun 4,000 liv., ci	40,000 liv.
A deux vicaires, dont un à Saint-Paul et l'autre à Saint-Denis, ...	3,000
A chaque paroisse, pour l'entretien des autels, des luminaires, chasubles, encent, linge, 1,000 liv., et pour les dix, ...	10,000
	53,000 liv.

Dépense de la garde nationale soldée.

A un commandant, ...	3,600 liv.
A un capitaine-major, ...	2,400
A dix sous-lieutenans, 1,000 liv. chacun, . . .	10,000
A dix sergents-majors, 366 liv. chacun, ...	3,660
A dix caporaux, 163 liv. chacun, ...	1,630
A vingt-deux gardes nationales soldées, pour les les juges de paix, 366 liv. chacun, ...	8,052
A cent cinquante garde nationales, 200 liv. chacun,	30,000
	59,342 liv.

Dépenses en soldes et nourritures.

On suppose que chaque paroisse (1), dans la répartition qu'elles seront dans le cas de faire des nègres qu'elles ont achetées pour la confection et répara-

(1) Toutes dépenses coloniales seront faites en commun, et prélevées sur la masse des impositions de la Colonie ; elles seront arrêtées par l'assemblée générale coloniale, et payées par le trésorier de la Colonie.

tion des chemins et travaux publics, laquelle aura lieu au prorata de leur mise; on suppose un nombre de trente nègres par paroisse, les unes dans les autres, nourris aux dépens du trésor colonial, et la dépense sera évaluée comme celle faite pour ceux de la nation, à 12 sous par jour. Cette dépense montera à . . . . 56,790 liv.

On suppose dix piqueurs, à 1,000 liv. 10,000

Pour réparations et factures d'outils et ustensiles, poudres, mines, etc. 24,000

90,790 liv.

Au trésorier de la Colonie 6,000

On ne pourra donner moins de 12,000 liv. de traitement à un député en France. Ce député sera chargé de tous les frais de bureaux et correspondance, et des frais de procès-verbaux de toutes les séances de l'assemblée nationale; ci, ... 12,000

Récapitulation de la dépense coloniale.

Le conseil, ...	95,500 liv.
Le clergé, ...	53,000
Les gardes nationales soldées, ...	59,342
La solde des piqueurs, l'entretien des noirs, des communes, les mines, outils, et ustensiles nécessaires aux travaux publics, ...	90,790
Au trésorier de la Colonie, ...	6,000
A un député en France, ...	12,000
	334,632 liv.

Sur la dépense générale coloniale ci-dessus, le conseil sera chargé de tout, et la Colonie ne sera assujettie à aucuns frais. L'assemblée générale coloniale fera un réglement pour les dépens ; mais la justice sera rendue gratuitement. Il ne sera alloué aucuns frais de vacation pour les commissaires du conseil et l'arpenteur de la Colonie : les habitans pour lesquels lesdites vacations auront lieu, seront seulement tenus de les loger et nourrir.

Les gardes nationales soldées s'entretiendront et se fourniront de tout. Il leur sera seulement délivré du riz au prix des magasins. Ils prendront leurs armes et fournimens à l'arsenal national. La poudre leur sera également délivrée des poudrières du roi. Il en sera de même, quant à ces derniers objets, pour la garde nationale non soldée.

Le clergé (1) ne prendra aucun frais ; le trésor colonial pourvoira aux dépenses des réparations des bâtimens, des presbytères. Le marguillier en charge sera tenu de pourvoir au luminaire, à l'entretien des autels, des chasubles, linges, encent, etc., au moyen de 1,000 liv. qui lui seront payées par le trésor colonial, et ces 1,000 liv. seront jointes, pour cet objet, aux revenus de chaque fabrique qui seront consacrés aux églises, comme la perception des droits sur les bancs, etc. ; et dont chaque marguillier sera comptable envers chaque assemblée paroissiale.

Le député en France sera chargé de tous frais de correspondance, papiers, journaux, plumes, etc., pour l'objet de sa mission seulement. . . . .

Le trésorier de la Colonie, au moyen de ses appointemens, sera également chargé de tous frais de bureaux.

---

(1) Les cures seront à la nomination de l'assemblée générale coloniale. Les curés pourront être pris indistinctement dans le clergé de France. Les curés seront citoyens actifs, et dépendans du régime intérieur, adopté par la Colonie, décrété par l'assemblée nationale, et sanctionné par le roi.

Pour couvrir cette dépense, qui sera à la charge du trésor colonial, seront à la disposition de la Colonie tous les biens ecclésiastiques et domaniaux; elle aura droit de les vendre et de les aliéner à son profit.

Seront exceptés, de la vente des biens ecclésiastiques, six domestiques noirs pour chaque paroisse pour le service de chaque curé, dont trois mâles et trois femelles, lesquels seront remplacés, en cas de mort, par le trésor colonial.

Seront exceptés, de la vente des biens domaniaux, les magasins du roi dans tous les quartiers; le gouvernement de Saint-Denis, l'intendance, les hôpitaux, les bâtimens et emplacemens des bureaux.

Seront vendus au profit de la colonie;

SAVOIR,

La maison, dite de plaisance, de l'intendant, située au pied de la montagne, entre elle et le ruisseau des Noirs, laquelle et le terrein, par les différens travaux, ont coûté, en frais de journées de noirs, plus de 800,000 liv., lesquels coûtent plus de 12,000 liv. par an, et peuvent valoir ensemble, ci, 36,000 liv.

Le jardin, dit du gouvernement, situé dans l'encaissement de la rivière de Saint-Denis, excepté les moulins du roi et le terrein nécessaire à leur réparation, estimé à	10,000
Le bâtiment et emplacement, dit les Étuves, estimé à	30,000
L'emplacement du conseil, prisons et autres dépendances, ...	40,000
Le petit bâtiment, servant de bureau pour la liquida-	
	116,000 liv.

tion

De l'autre part, ...	116,000 liv.
tion de la compagnie, derrière le gouvernement, estimé à	3,000
La maison, dite Blanche (1), servant aux invalides à Saint-Paul, ...	30,000
Le gouvernement de Saint-Paul, ...	20,000
Celui de la rivière d'Abord	8,000
Produit de la vente totale des bâtimens inutiles au roi, et qui occasionnent une dépense considérable en réparations, source d'abus; ci	177,000 liv.

Pour dédommager la nation ds cette vente, faite au profit de la Colonie, il lui sera donné, en échange, tous les bâtimens de Saint-Denis, appartenans à la Colonie, qui servoient de collège autrefois, et maintenant de casernes, et dont la nation a indispensablement besoin. Ces bâtimens ont au moins coûté la même somme que le produit des ventes ci-dessus; ce ne sera donc qu'un échange d'autant plus profitable au roi, que le trésor national sera déchargé d'une dépense immense en réparations, entretiens, etc.

Et afin d'éviter une dépense très-considérable à la nation, qui doit faire celle d'un bâtiment nécessaire au conseil et à la justice de la Colonie, celui dit le gouvernement de Saint-Denis sera destiné à cet objet; il suffira même pour les prisons, bloc et toutes dépendances nécessaires. Le présisent du conseil y aura son appartement.

(1) Il sera suppléé à cette maison, en plaçant, sur les batteries et dans les pavillons d'observations sur les montagnes, lesdits invalides, qui pourront au moins s'y rendre utiles, et où ils conserveront leurs vivres et soldes.

Le gouverneur commandant de la Colonie, prendra, pour se loger, le bâtiment dit l'intendance, et ses dépendances, qui sont vastes et suffisantes.

L'ordonnateur prendra, pour se loger, le bâtiment dit le contrôle, où il sera parfaitement logé.

Le contrôleur de la marine et des Colonies, prenda le bâtiment attenant et faisant le coin de la rue de l'Intendance.

Le sous-commissaire inspecteur prendra, pour se loger, le bâtiment situé derrière les bureaux et l'ancienne maison de génie, la rue entre.

Tous autres officiers d'administration et employés, seront tenus de se loger à leurs frais.

Tous autres bâtimens destinés aux magasins, arsenaux, forges, bureaux, seront conservés et entretenus par le trésor national, pour lesquels il a été alloué 50,000 liv. annuellement pour leur entretien.

J'ai estimé au plus haut prix la vente, à quatre ans de terme, des bâtimens domaniaux inutiles, à . . . . . . 177,000 liv.

J'estime à pareil terme la vente des biens du du clergé, à 1,200,000

Produit net de ces deux objets (1) . . . . . 1,377,000 liv.

Dans la vente des biens du clergé, seront compris les terres, bâtimens, nègres, outils et ustensils, à l'exception de six têtes d'esclaves par paroisse, réservés au service de chaque curé. Seront pareillement réservés les bâtimens nécessaires à leur logement,

(1) Les 1,377,000 liv., provenans de la vente des biens domaniaux et ecclésiastiques, reversibles au trésor coloniale, formeront une espèce de mont-de-piété, où les habitans sûrs et honnêtes, trouveront une ressource, sans être exposé à l'usure de 12, 15 et 20 pour cent d'intérêt, comme cela arrive souvent.

et un terrein nécessaire à un verger et à un potager ; bien entendu encore que les réparations desdits bâtimens, comme des églises, seront aux frais et dépends du trésor colonial.

Ladite vente de tous les objets ci-dessus, sera faite à la barre de l'assemblée générale coloniale. Les fonds seront reversibles au trésor colonial. Les trésoriers particuliers de chaque bureau municipal, en feront la recette et le renversement. Ladite vente aura lieu à quatre ans de terme, à la charge, par les acquéreurs, de payer l'intérêt des objets acquis à 5 pour 100, jusqu'à parfait paiement.

Aucune vente ne pourra avoir lieu sans un cautionnement jugé bon et valable par les commissaires préposés à ladite vente.

Le produit desdites ventes sera placé sur le champ, à dix pour cent, sur la place, sur des habitans connus, sûrs et avec hypothèque, au profit de la Colonie.

Il sera formé un comité ou bureau de finance, dont le trésorier de la Colonie sera essentiellement. Les membres qui devront concourir à la formation de ce comité, seront choisis à chaque législature, parmi les membres de l'assemblée générale coloniale. Lesdits membres seront inspecteurs-nés de la caisse coloniale ; ils vérifieront la recette et la dépense ; ils présideront à l'apurement des comptes du trésorier de la colonie : aucuns fonds ne pourront être placés sans leur participation et consentement.

On suppose que les 1,377,000 liv., rentrés au bout de quatre ans après la vente, terme donné, produisent un intérêt de 137,700 liv. ; cette somme diminuera d'autant l'impôt qui sera créé, et à compter du jour de l'expiration du premier terme des ventes, elle le diminuera de la moitié de ladite somme, c'est-à-dire, de l'intérêt à 5 pour 100, montant à 685,000 liv.

Je pense que l'impôt pourra s'établir de la manière suivante :

Chaque habitant sera imposé à 40 sous par tête de nègres ;

Chaque balle de caffé pesant 100 liv. net, payera 10 liv.

Chaque balle de coton de 300 livres, payera 30 liv. ; le bled, le ris ; le mahis, les pois et haricots, tous objets de vivres, ne payeront rien. J'estime que l'imposition des trois objets ci dessus, suffira pour la dépense dont la Colonie sera chargée.

J'estime 40,000 nègres dans la Colonie, donneront	80,000 liv.
35,000 balles de café à 10 liv.	350,000
L'impôt sur le coton pourra donner (1) . . .	20,000
Il faudra joindre à cette somme l'intérêt de la première année de la vente des biens domaniaux, à 5 pour 100, ...	68,500
La recette se montera à	518,500 liv.

Et cette recette augmentera progressivement jusqu'au quatrième terme de la vente, par leur placement à 10 pour 100, à mesure qu'ils rentreront.

L'intérêt total se montera à 137,700 liv., et en supposant que la masse de l'impôt n'augmente pas par l'augmentation des nègres et des productions, la Colonie se trouvera toujours à même de reverser, dans la caisse coloniale, une somme de 587,700 liv.

Il faut observer que les événemens ne justifieront pas constamment cette même recette; elle pourra augmenter dans les bonnes années, et diminuer dans les mauvaises; c'est pourquoi il ne sera pas aisé de déterminer la nature et l'emploi de ces fonds annuellement; mais par une économie sage et prudente, la Colonie peut conserver une partie des impositions en caisse ou placemens, n'entreprendre que les travaux les plus urgens, les premières années, et attendre qu'elle ait en caisse une somme considérable, pour entreprendre des travaux utiles, et subvenir à l'impôt, en cas d'accident, par ces mêmes fonds et sans surcharger les habitans.

(1) Les habitans ont toujours été imposés de 30 sous par tête de nègres; de 10 liv. par balle de café, jusqu'en 1781, et n'en ont jamais connu l'emploi : la continuation de ces deux impôts ne sera pas une novation ; elle ne sera pas onéreuse, et sera profitable.

Le surplus de la dépense, portée au tableau des dépenses coloniales, pourra être employé à entreprendre et parfaire des chemins plus praticables, à construire des ponts sur les rivières, premier objet et le plus essentiel; et autres ouvrages également intéressans.

Par cet apperçu, il est aisé de voir que la Colonie peut s'imposer pour les sommes portées au chapitre de la dépense coloniale. La Colonie en faisant ce sacrifice, prouvera à la métropole, qu'elle est peuplée de vrais, de bons François, que loin de lui être à charge, elle lui est aussi nécessaire qu'utile.

Tous les appointemens et solde à payer par le trésorier de la Colonie devant être payés, suivant ce projet, en argent de France, la Colonie doit prendre des mesures avec l'administration, pour que le trésor royal s'oblige à remettre, tous les ans, au trésorier de la Colonie, la somme de 306,632 liv. en piastres, montant de la dépense coloniale; lequel remettra pareille somme au trésorier de la nation, en papier-monnoie, qui est la seule monnoie du prince en cette Colonie; à la charge, par ledit trésorier, de faire bon, au trésorier de la nation, du coût de la piastre; c'ets-à-dire, que si elle revient au trésor national, rendue à l'isle de Bourbon, à 5 liv. 8 sous, que le trésorier de la Colonie fera bon, au trésorier de la nation, de 3 sols par piastre. La Colonie manquant de ce numéraire, le roi, en faisant passer pour la solde de ses troupes et pour payer l'administration, cet envoi ne peut lui devenir à charge, et la Colonie y trouvera un très-grand avantage; elle se trouvera, par ce moyen, en mesure de payer plus exactement, et sans attendre le résultat d'une négociation qu'elle ne pourroit faire sans frais et peut-être sans risque. C'est un accord que l'assemblée générale coloniale ne peut se dispenser de faire avec l'administration, et que cette dernière ne peut se dispenser de prendre en considération, par l'avantage qui en résulte, et pour la France, et pour la Colonie. A l'égard des 12,000 liv., accordées au député en France, le député sera payé au trésor national, et le trésorier de la

Colonie remettra pareille somme, tous les ans, au trésorier de la nation, en papier-monnoie.

Tel est, mes chers compatriotes, le plan de constitution coloniale que je desirerois vous voir adopter; du moins, ce sont les réflexions que la localité m'a permis de faire, et que je suis flatté de vous communiquer.

Je n'ai pu donner plus de précision ni de suite à ce travail, que vous trouverez aussi vague que peu méthodique: la briéveté du temps, la nécessité de vous communiquer plus promptement mes idées, le desir que ce plan vous arrive presque en même temps que le décret du 8 mars, de l'assemblée nationale, vous en présentent la cause. Je vous laisse le soin d'y donner la dernière main; je le soumets à votre plus sérieux examen. Votre constitution devant avoir pour but votre bonheur et votre prospérité, il vous convient de vous appliquer à tous les moyens d'y parvenir.

Je dois me borner à vous adresser cette esquisse de mon amour pour notre commune patrie; c'est l'hommage de mon devoir et de mon dévouement pour elle: ne serviroit-elle qu'à vous présenter une idée de mode de vos travaux, je serai satisfait.

Je suis pénétré d'avance de tout votre civisme, et de tous les efforts que vous ferez pour seconder ceux de tous les bons François, qui tendent à illustrer la nation et à lui donner ce degré de splendeur et d'énergie qui doit assurer pour jamais son bonheur et sa prépondérance. Lorsque vous serez constamment animé de cette noble ardeur, vous serez sûrs de parvenir au but où vous tendez.

Le Colonel P. R. DE BEURNONVILLE, député extraordinaire des villes de Brou et de la Ferté-sur-Aube, à l'assemblée nationale.

Paris, le 1er. octobre 1790.

Nota. Je ne me suis appliqué, dans ce travail, qu'aux seuls objets qui concernent le régime intérieur de la Colonie de Bourbon. En présentant le tableau de sa dépense et de son utilité, j'ai cherché encore à convaincre ceux qui pensent que les Colonies Françoises au-delà du cap de Bonne-Espérance, ont été et seront constamment onéreuses à l'Etat; que la Colonie de Bourbon ne l'a jamais été, et ne la sera jamais. Cette Colonie de cultivateurs a toujours été vexée, ses travaux comme sa prospérité interrompues, les vols, les abus, les vexations de tous genres, commis par les administrateurs, ont toujours retardé le cours et les progrès de ses richesses, et enhardi comme justifié les écrivains qui la condamnent. Cette Colonie a toujours été le grenier de l'isle de France; elle est indispensablement nécessaire à cette dernière, et j'avancerai encore avec assurance, en faveur de la Colonie de l'isle de France, que si elle a paru coûter immensément jusqu'à ce jour à l'Etat, que sur les dépenses qui paroissent avoir été faites par la nation pour elle, qu'il n'y en a pas moitié de réelles; et personne ne pourra mieux justifier mon assertion que M. le Brasseur, intendant de la marine et des fonds, lorsqu'il voudra mettre au jour le travail qu'il a été chargé de faire par le roi, en 1784 et 1785, sur les abus de l'administration de ces deux Colonies.

La nation jettant un coup-d'œil sur les dépenses énormes qui ont été faites depuis leur prise de possession, doit voir avec effroi, sans doute, qu'on se propose de les conserver; et je ne m'étonne pas si leur conservation est mise en problème à l'assemblée nationale; mais nos législateurs, en prononçant sur le travail mis en rapport aux comités des domaines et de liquidation, et présenté par M. Berthelmot, habitant de l'Isle de France, seront pénétrés d'indignation contre tous ceux qui les ont administrées jusqu'à ce jour, et de douleur comme de commisération en faveur de ceux qui les habitent, et qui ont pu les habiter.

Je n'ai pas cru devoir, en présentant de simples réflexions sur le régime de la colonie de Bourbon, traiter les intérêts politiques de toutes les colonies françoises au-delà du cap de Bonne-Espérance ; j'affirmerai seulement que leur utilité est démontrée par la nécessité du commerce de l'Inde et de la Chine, quand il sera bien fait ; que leur dépense sera peu conséquente, quand elles seront bien administrées ; et qu'il ne faut pas faire retomber sur elles la dépense des escadres et de la marine en général, dont l'établissement ne doit être considéré que pour la protection, en général, du commerce.

Je détruirai encore, par cette note, quelques assertions défavorablement présentées sur les isles de France et de Bourbon. Des écrivains se sont permis de dire que l'Inde les alimente. C'est une allégation incroyable : les villes de Pondichery, de Chandernagor, de Mahé, de Karical, sont presque limitées à l'enceinte de leurs murs et de leurs fossés. De qui ces isles auroient-elles pu tirer leurs subsistances dans l'Inde ? Ce n'est pas des Anglois, en temps de guerre sur-tout. Cette allégation est pleinement démentie par les productions immenses des vivres que ces deux colonies fournissent ; elles peuvent s'alimenter elles seules, telles escadres et troupes qu'on puisse leur envoyer.

L'Inde est nécessaire à la France ; sans les isles, on ne peut rien posséder aux Indes : c'est la seule vérité politique qu'on puisse avancer. Il s'agit de bien administrer le tout, et l'on n'y parviendra qu'avec des loix sages et bien exécutées. On doit s'attendre à voir décréter ces loix, au premier jour, par l'assemblée des représentans de la nation ; et la responsabilité doit garantir leur exécution.

www.ingramcontent.com/pod-product-compliance
Ingram Content Group UK Ltd.
Pitfield, Milton Keynes, MK11 3LW, UK
UKHW021132230726
13926UKWH00002B/754

9 782014 088915